# ALPHABET

# DES CLASSES

## ÉLÉMENTAIRES

PAR

**M^me DOUDET**

SUJETS D'ANIMAUX

PARIS

THÉODORE LEFÈVRE

RUE DES POITEVINS, 2

CORBEIL. — Typ. et stér. de Crété fils

# LETTRES MAJUSCULES

A B C

D E F

G H I

J K L

M N O

P Q R

S T U

V X Y Z

a b c d e
f g h i j
k l m n o
p q r s t
u v x y z

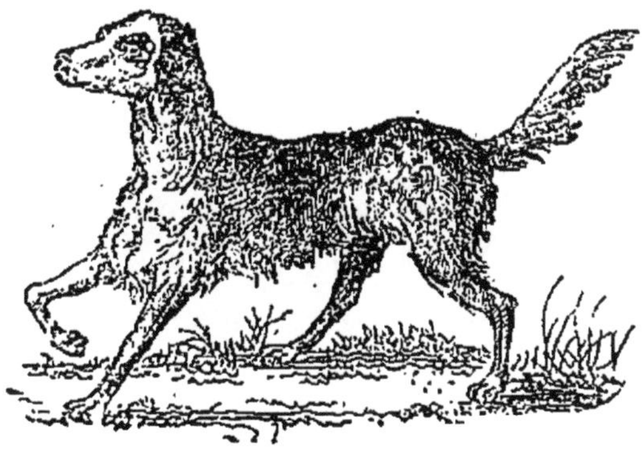

# LETTRES ITALIQUES

*a   b   c   d   e   f*

*g   h   i   j   k   l*

*m   n   o   p   q   r*

*s   t   u   v   x   y   z*

## VOYELLES

**a   e   i   o   u**

# SYLLABES

a   e   i   o   u

ba  be  bi  bo  bu

da  de  di  do  du

fa  fe  fi  fo  fu

ha  he  hi  ho  hu

ja  je  ji  jo  ju

ka  ke  ki  ko  ku

la  le  li  lo  lu

na  ne  ni  no  nu

pa  pe  pi  po  pu

ra re ri ro ru

sa se si so su

ta te ti to tu

va ve vi vo vu

ca co cu *ce ci*

ga go gu *ge gi*

Faire remarquer à l'enfant les différentes consonnances du *c* et du *g* devant les voyelles *a, o, u*.

Rhinocéros.

| | | | |
|---|---|---|---|
| la | na | li | nu |
| pe | bi | la | ve |
| po | lu | da | re |
| si | lo | ju | za |
| go | no | *ge* | va |
| zu | *ce* | fu | ri |
| ha | si | ho | zo |
| ra | je | si | tu |
| *gi* | no | ta | ru |
| *ci* | la | ro | to |

Perdrix.

| | |
|---|---|
| pa - pa | lo - to |
| rô - ti | ca - ve |
| pi - pe | li - me |
| ca - ge | lu - ne |
| ro - se | po - li |
| ta - pe | pâ - te |

râ - pe    ro - be
bo - bo    ri - re
pu - ce    pa - ge
ki - lo    lu - ne
ma - re    ri - ve
tu - be    fê - te

Buffle.

vi - pè - re    ca - ra - fe
ti - ra - ge    na - tu - re
ra - ci - ne    ha - bi - le
ce - ri - se    pa - na - de
na - vi - re    ci - ra - ge
gi - ra - fe    fé - ro - ce
pi - lu - le    ju - ju - be
fa - ci - le    ca - ba - ne
sa - la - de    pa - ro - le
in - vi - té    ca - bi - ne
fi - dè - le    ri - va - ge
pa - ra - de    pe - lu - re

Cochon.

**Lé - on   a   sa - li
la ro - be de Lu - ci-
le. Le ci - ga - re de
papa. É - mi - le a lu
sa pa - ge, il a eu
u - ne ce - ri - se. Le
ma - la - de a - va - le - ra
la pi - lu - le.**

Dindon.

ac ec ic oc uc

af ef if of uf

al el il ol ul

ap ep ip op up

as es is os us

Faire lire l'enfant par lignes, puis ensuite par co-
lonnes : *ac, af, al,* etc.

| bac | tec | sol | vir |
| lif | nap | bif | tos |
| sar | vul | lap | nov |
| vor | ter | dis | let |
| mel | lec | for | vis |
| luf | nop | sal | tic |

Ours.

Coq.

| | |
|---|---|
| dis-pu-te | ga-let-te |
| for-tu-ne | par-ta-ge |
| lec-tu-re | jus-ti-ce |
| ré-col-te | bor-na-ge |
| as-per-ge | se-mel-le |
| dis-cor-de | ti-ret-te |
| bas-ti-de | car-na-ge |

Il a per-du le
ca-nif de pa-pa.
Jus-ti-ne a fi-ni
sa lec-tu-re. Il
ver-se du vin. La
ré-col-te a é-té
bel-le. Vic-tor a
vu de la ga-let-te.

Lion.

au bau fau dau

in tin lin rin

eu feu leu neu

ou pou rou sou

an tan van zan

en sen ten ren

on non son lon

Canard.

Léopard.

Le jo-li bou-ton
de ma-man est tom-
bé sur le ga-zon et
on ne l'a pas re-vu.
Lé-on a eu peur,
il a ren-ver-sé le
pe-tit ba-teau.

ia    ie    io    iu    in
sia   nié   rio   rié   lin
lia   fié   sie   diu   din
ai    ei    oi    ui    un
lai   rei   noi   nui   lun
fai   tei   roi   lui   sain
ion   tion  sion  nion

Oie.

Chameau.

**On rè-gle la nour-
ri-tu-re du cha-meau
et on la di-mi-nue
peu à peu au né-
ces-sai-re, pour l'ac-
cou-tu-mer à la
so-bri-é-té et à l'o-
bé-is-san-ce.**

| cha | pho | the | vri |
| cla | pno | dle | spi |
| pra | cro | sle | cri |
| sta | flo | stre | bri |
| phe | stri | phi | vlo |
| bla | sco | phe | gri |
| sca | quo | vre | gli |

| | |
|---|---|
| bri - que | ris - que |
| cry - pte | fleu - ve |
| flo - con | cy - gne |
| cla - que | sta - ble |
| fai - ble | bis - tre |
| poi - vre | pha - re |
| rè - gle | pla - que |

Le ti-gre est fé-ro-ce
et ru-sé, il se ca-che
pour s'é-lan-cer sur sa
proie et la dé-vo-rer;
il y en a un très-beau
au Jar-din des Plan-tes.

La hy-è-ne est peu
fé-ro-ce, son re-gard
en des-sous et sa vi-
lai-ne mi-ne ont con-
tri-bué à lui don-ner
cet-te mau-vai-se ré-
pu-ta-tion.

Le cerf et la bi-che
sont des a-ni-maux très-
doux, ils ha-bi-tent les
fo-rêts et vi-vent de feuil-
la-ges.

L'hi-ver on leur don-ne
la chas-se en les pour-

sui-vant a-vec des chiens;
quand le cerf est sai-si,
il tâ-che de se dé-fen-
dre a-vec ses cor-nes.
Lors-qu'il est mort, on
leur a-ban-don-ne sa
dé-pouil-le.

L'âne est capricieux
et têtu, et le proverbe,
têtu comme un âne,
s'applique souvent à de
petits garçons qui ne
veulent pas obéir.

Les petits enfants doi-
vent toujours prendre
garde de se faire mor-
dre par les chiens. Le
meilleur moyen pour
cela est de ne jamais
leur faire de mal.

Le mouton est peut-
être l'animal le plus
doux; il s'apprivoise fa-
cilement, et quand il a
pris quelqu'un en ami-
tié, il le suit partou
comme le ferait un chien

La chèvre est un animal si docile, qu'il se laisse atteler à une petite voiture pour traîner les enfants. La chèvre donne aussi du lait qui est très-bon pour les malades.

# CHIFFRES ARABES

| 1 | 2 | 3 | 4 | 5 |
|---|---|---|---|---|
| un | deux | trois | quatre | cinq |
| 6 | 7 | 8 | 9 | 0 |
| six | sept | huit | neuf | zéro |

# CHIFFRES ROMAINS.

| I | II | III | IV | V | VI | VII |
|---|----|-----|----|----|----|-----|
| 1 | 2 | 3 | 4 | 5 | 6 | 7 |

| VIII | IX | X | L | C | M |
|------|----|----|----|-----|------|
| 8 | 9 | 10 | 50 | 100 | 1000 |

www.ingramcontent.com/pod-product-compliance
Ingram Content Group UK Ltd.
Pitfield, Milton Keynes, MK11 3LW, UK
UKHW022235070726
13613UKWH00004B/1946